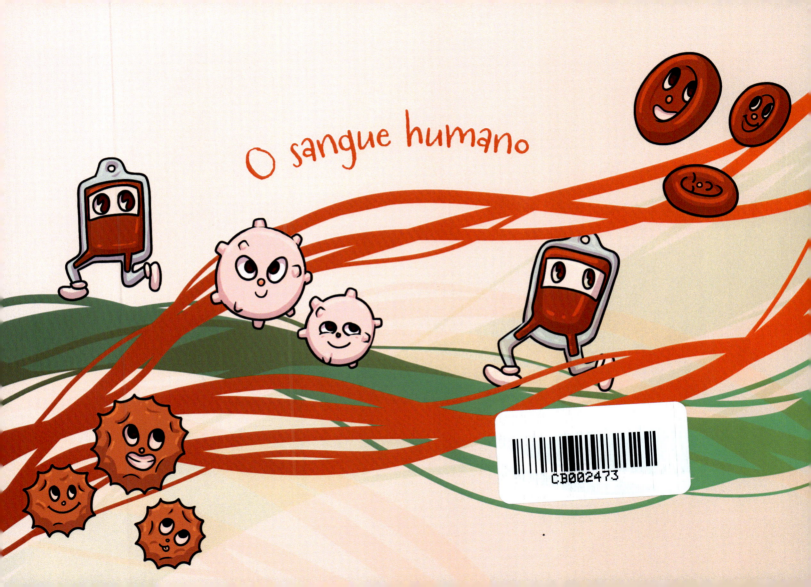

Editora Appris Ltda.
1.ª Edição - Copyright© 2025 dos autores
Direitos de Edição Reservados à Editora Appris Ltda.

Nenhuma parte desta obra poderá ser utilizada indevidamente, sem estar de acordo com a Lei nº 9.610/98. Se incorreções forem encontradas, serão de exclusiva responsabilidade de seus organizadores. Foi realizado o Depósito Legal na Fundação Biblioteca Nacional, de acordo com as Leis nºs 10.994, de 14/12/2004, e 12.192, de 14/01/2010.

Catalogação na Fonte
Elaborado por: Josefina A. S. Guedes
Bibliotecária CRB 9/870

F156s
2025
	Fagundes, Nevicthon
	   O sangue humano / Nevicthon Fagundes. – 1. ed. – Curitiba: Appris: Artêrinha, 2025.
	   67 p. : il. color. ; 16 cm.
	
	   ISBN 978-65-250-7639-3
	
	   1. Literatura infantojuvenil. 2. Sangue – Composição. I. Título.
	                                                                                  CDD – 581

FICHA TÉCNICA

EDITORIAL	Augusto V. de A. Coelho
	Sara C. de Andrade Coelho
COMITÊ EDITORIAL	Marli Caetano
	Andréa Barbosa Gouveia (UFPR)
	Edmeire C. Pereira (UFPR)
	Iraneide da Silva (UFC)
	Jacques de Lima Ferreira (UP)
SUPERVISORA EDITORIAL	Renata C. Lopes
PRODUÇÃO EDITORIAL	Adrielli de Almeida
REVISÃO	Arildo Júnior e Pedro Ramos
PROJETO GRÁFICO	Amélia Lopes
ILUSTRAÇÃO	Lívia Mendes
REVISÃO DE PROVA	Ana Castro

Editora e Livraria Appris Ltda.
Av. Manoel Ribas, 2265 – Mercês
Curitiba/PR – CEP: 80810-002
Tel. (41) 3156 - 4731
www.editoraappris.com.br

Printed in Brazil
Impresso no Brasil

Nevicthon Fagundes

O sangue humano

artêrinha
Curitiba, PR
2025

AGRADECIMENTOS

Agradeço à minha mãe, Joanna, e ao meu pai, Nevicton. Vocês impulsionam meu crescimento. Ao Centro Educacional Vera Magaldi, à professora Jaqueline Defavari e aos seus queridos alunos do 5º ano de 2024, pela oportunidade e pelo incentivo para desenvolver um trabalho que resultou na produção deste livro. Ao Serviço de Hematologia e Hemoterapia de São José dos Campos, que contribuiu muito no desenvolvimento do meu conhecimento em hematologia e hemoterapia.

À Luciana Fabrício, minha psicanalista, que me resgata todas as semanas, permitindo que eu me desenvolva como humano e como profissional.

A todos(as) os(as) leitores(as), que diariamente se dedicam ao desenvolvimento do conhecimento.

PERSONAGENS

Nevin – criança de aproximadamente 9 anos
Dona Joaninha/mamãe – senhora idosa
Meg – gatinha
Pitoco – cachorrinho
Prof. Thony - Homem de meia idade jovial

PARTE 1

A composição do sangue

— Mamãe, estou indo para escola. Tchau.

— Bom dia, galerinha, tudo certo com vocês? — cumprimentou o professor Thony

— Bom dia, professor — cumprimentou Nevin.

— Galerinha, na aula de hoje nós vamos estudar o sangue humano — avisou o professor.

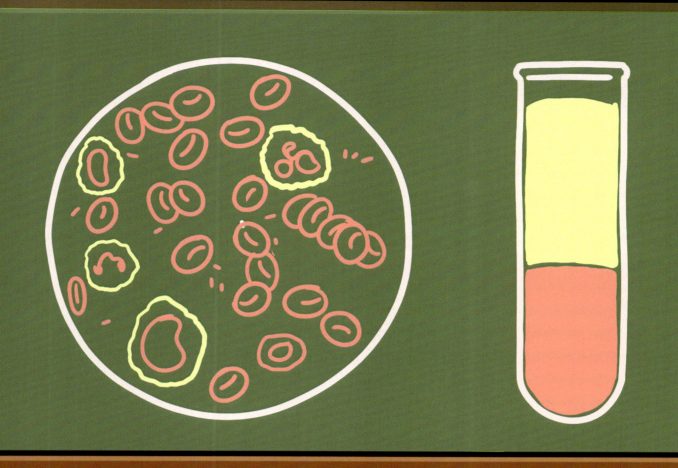

O plasma é o componente líquido do sangue.
Ele tem cor amarelada, é composto principalmente de água
e outros componentes como
minerais,
açúcares (carboidratos),
gorduras (lipídeos)
proteínas.

Ele circula por todo o organismo
transportando nutrientes necessários para a vida das células

Plaquetas | Hemácias | Leucócitos

Hemácias

Hemácias são células vermelhas, sem núcleo, bicôncavas. No interior dessas células encontramos a hemoglobina, substância responsável principalmente pelo transporte de oxigênio.

Leucócitos

Leucócitos são as células responsáveis pela defesa do organismo.

Plaquetas

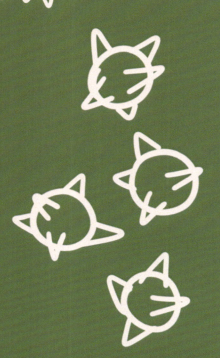

Plaquetas são fragmentos de células que auxiliam na coagulação do sangue.

— O sangue parou de correr na minha perna porque ele coagulou — explicou Nevin.

— Como assim? — perguntou Dona Joaninha.

— Hoje, na aula de ciências, nós aprendemos sobre o sangue humano. Aprendemos que ele é composto de plasma, células e plaquetas. As plaquetas são pequenos pedacinhos de células que auxiliam na coagulação do sangue. Então, quando elas entraram em ação, o meu sangue parou de escorrer. Ah, e tem mais, mamãe! Os leucócitos devem estar nesse momento combatendo os microrganismos que podem ter entrado no meu sangue, pois eles fazem a defesa do nosso organismo.

— Estou percebendo que você prestou atenção na aula de hoje, hein, filho? — exclamou a mãe, orgulhosa.

PARTE 2

Os principais grupos sanguíneos: sistema ABO e sistema RH

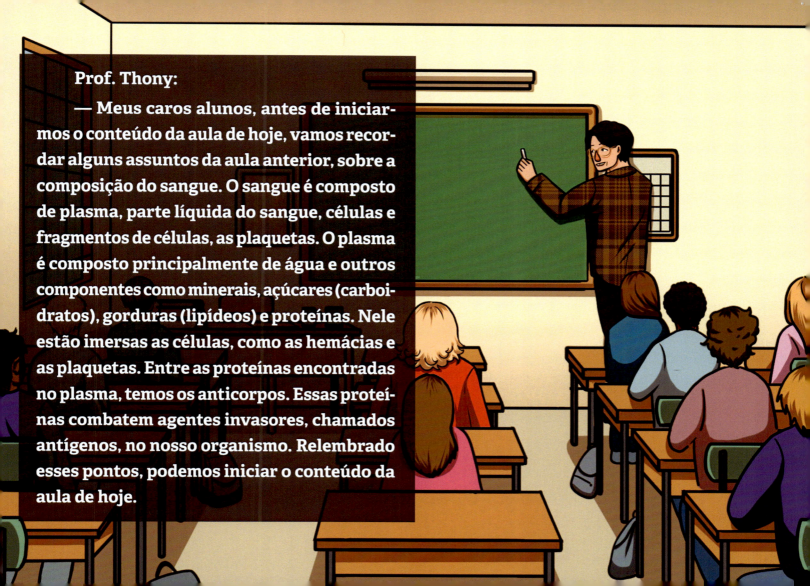

Prof. Thony:

— Meus caros alunos, antes de iniciarmos o conteúdo da aula de hoje, vamos recordar alguns assuntos da aula anterior, sobre a composição do sangue. O sangue é composto de plasma, parte líquida do sangue, células e fragmentos de células, as plaquetas. O plasma é composto principalmente de água e outros componentes como minerais, açúcares (carboidratos), gorduras (lipídeos) e proteínas. Nele estão imersas as células, como as hemácias e as plaquetas. Entre as proteínas encontradas no plasma, temos os anticorpos. Essas proteínas combatem agentes invasores, chamados antígenos, no nosso organismo. Relembrado esses pontos, podemos iniciar o conteúdo da aula de hoje.

Aglutinogénos tipo A

Aglutinogénos tipo B

Tipo sanguíneo A

Tipo sanguíneo B

Aglutinogénos tipo A e B

sem aglutinogénos

Tipo sanguíneo AB

Tipo sanguíneo O

— Na membrana citoplasmática das hemácias, podem ser encontradas glicoproteínas chamadas de AGLUTINOGÊNIO. De acordo com a presença ou a ausência dos aglutinogênios nas hemácias, encontraremos ou não determinadas proteínas no plasma. Essas proteínas específicas são chamadas de AGLUTININAS.

— Portanto, classe — continuou professor Thony —, no sangue tipo A, encontramos na membrana citoplasmática das hemácias o aglutinogênio conhecido como A, no sangue tipo B encontramos o aglutinogênio B, no sangue tipo AB encontramos os dois aglutinogênios, o A e o B, e no sangue tipo O não encontramos nenhum desses aglutinogênios. Por isso, não está errado chamá-lo de sangue tipo 0.

— Ora, classe maravilhosa, nas hemácias podemos encontrar aglutinogênios e no plasma podemos encontrar aglutininas, certo? — perguntou o professor.

— Certo, professor — responderam.

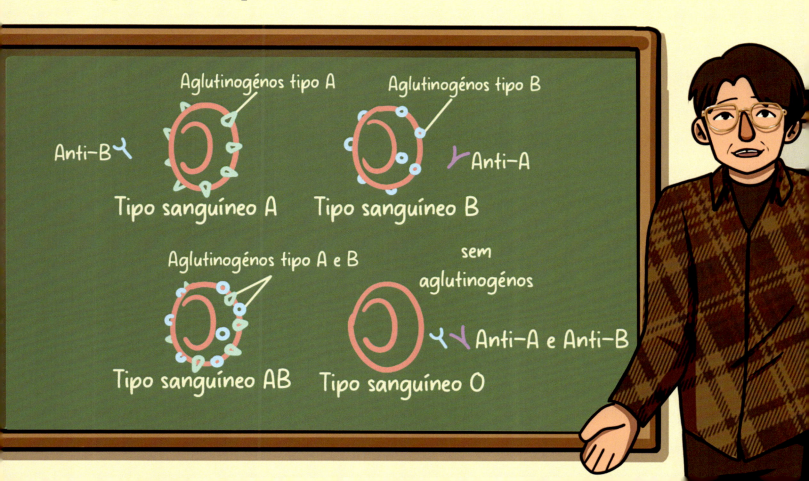

Aglutinogénos tipo A

Aglutinogénos tipo B

Anti-B

Anti-A

Tipo sanguíneo A

Tipo sanguíneo B

Aglutinogénos tipo A e B

sem aglutinogénos

Anti-A e Anti-B

Tipo sanguíneo AB

Tipo sanguíneo O

— Quais são as aglutininas que podemos encontrar no sangue das pessoas? — perguntou o professor Thony.

— Nas pessoas do grupo sanguíneo A, encontramos no plasma aglutininas anti-B, nas pessoas do grupo sanguíneo B, encontramos no plasma aglutininas anti-A, nas pessoas do grupo AB, não encontramos aglutininas e nas pessoas do grupo sanguíneo O, encontramos ambas as aglutininas, a anti-A e a anti-B — respondeu o professor Thony.

— Isso se deve ao fato do organismo das pessoas reconhecer ou não a presença de aglutinogênios do sistema ABO de forma natural — completou o professor Thony.

— Quando Nevin perguntou sobre sangue positivo e negativo, ele estava se referindo à presença ou ausência de aglutinogênios do sistema Rh na membrana citoplasmática das hemácias — explicou o professor.

Sistema Rh

Rh +

Rh –

— Portanto, no sangue tipo Rh+ encontramos na membrana citoplasmática das hemácias o aglutinogênio conhecido como Rh ou D, e no sangue tipo Rh- não encontramos aglutinogênio desse sistema. Por isso, são chamados simplesmente de sangue positivo e negativo respectivamente.

— Então, galerinha, quais são as aglutininas que podemos encontrar no sangue das pessoas para o sistema Rh? — perguntou o professor — Nas pessoas do grupo sanguíneo Rh- encontramos no plasma aglutininas anti-Rh ou anti-D e nas pessoas Rh+, não encontramos aglutininas anti-Rh ou anti-D. Isso se deve ao fato do organismo das pessoas reconhecerem ou não a presença de aglutinogênios do sistema Rh de forma natural.

PARTE 3

As transfusões sanguíneas

Transfusões Sanguíneas

— Nas últimas aulas — relembrou o professor —, estudamos dois sistemas de determinação dos grupos sanguíneos, o sistema ABO e o sistema Rh. Em ambos os sistemas vimos que na membrana citoplasmática das hemácias podem ser encontradas glicoproteínas chamadas de AGLUTINOGÊNIO e que, de acordo com a presença ou a ausência dos aglutinogênios nas hemácias, encontraremos ou não determinadas proteínas no plasma, chamadas de AGLUTININAS.

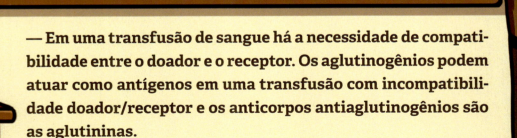

— Em uma transfusão de sangue há a necessidade de compatibilidade entre o doador e o receptor. Os aglutinogênios podem atuar como antígenos em uma transfusão com incompatibilidade doador/receptor e os anticorpos antiaglutinogênios são as aglutininas.

— A presença ou a ausência de aglutinogênios e aglutininas dos dois sistemas estudados podem aparecer simultaneamente no sangue das pessoas. Observem a ilustração, queridos alunos.

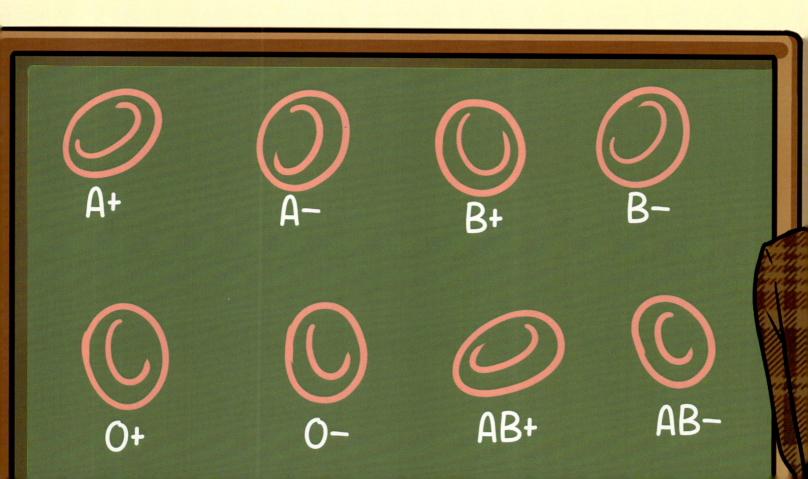

— As pessoas que apresentam os grupos sanguíneos representados na coluna da esquerda possuem na membra citoplasmática das suas hemácias, os aglutinogênios do sistema ABO e Rh simultaneamente. Já as pessoas que apresentam os grupos sanguíneos representados na coluna da direita possuem na membrana citoplasmática das suas hemácias, apenas aglutinogênios do sistema ABO.

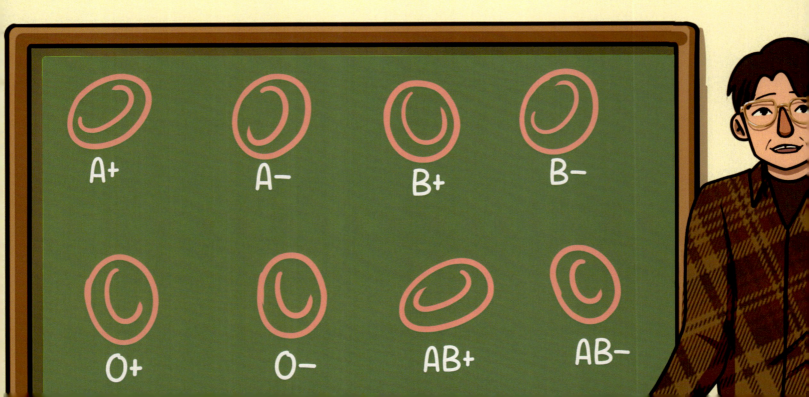

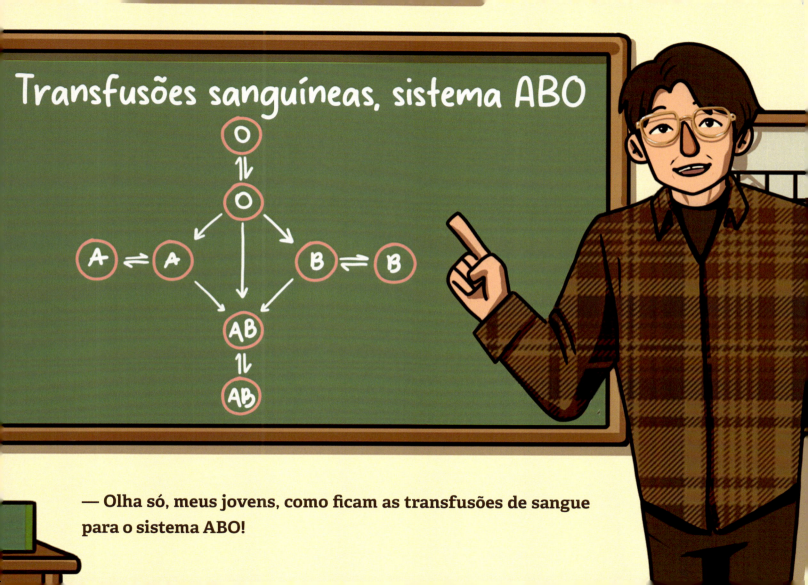

Transfusões sanguíneas, sistema Rh

$$Rh+ \longleftrightarrow Rh+$$

$$Rh- \longleftrightarrow Rh-$$

$$Rh- \longrightarrow Rh+$$

— E essas são as possíveis transfusões de sangue para o sistema Rh!

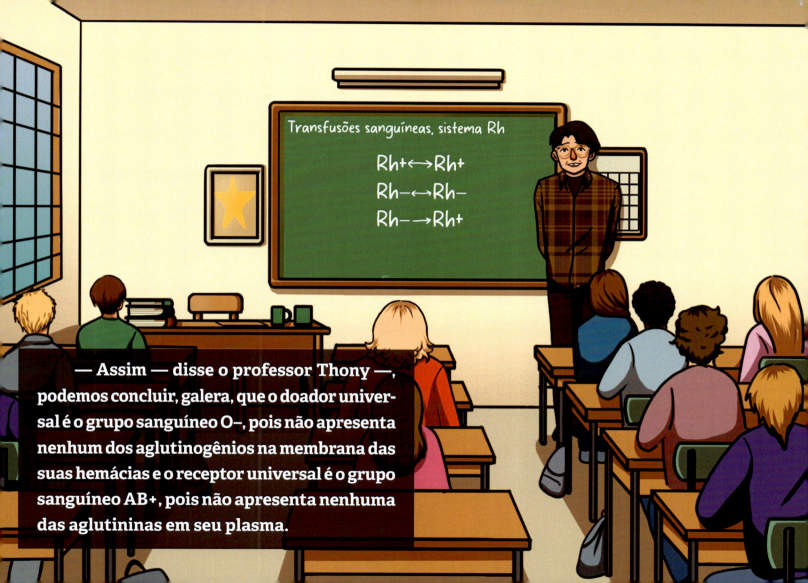

— Nevin, na doação de sangue convencional — explicou o professor —, é retirado da circulação do doador o sangue total, isto é, o sangue com todos os seus componentes, o plasma e os elementos figurados, células e plaquetas. Após a colheita o sangue é centrifugado e são separados em plasma rico em plaquetas e concentrado de hemácias.

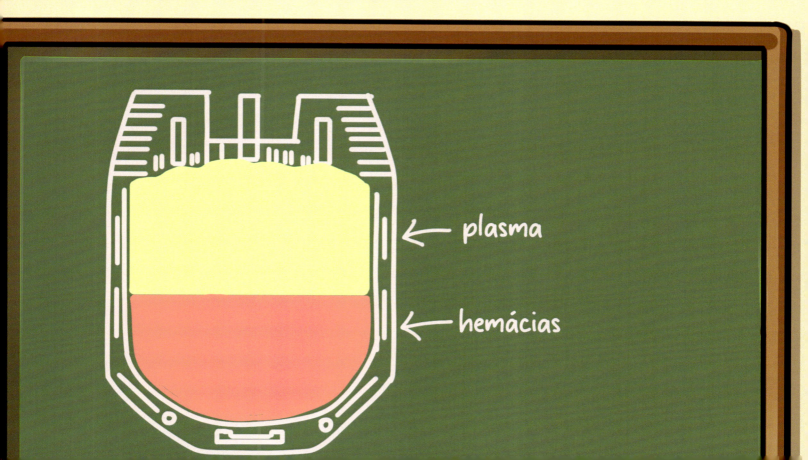

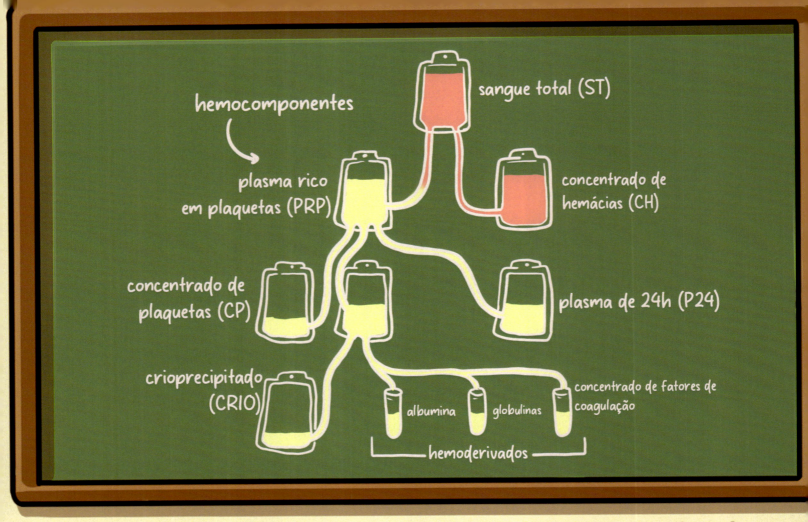

— Assim que terminar a centrifugação, o sangue seguirá para um equipamento chamado extrator, no qual é separado o plasma do concentrado de hemácias.

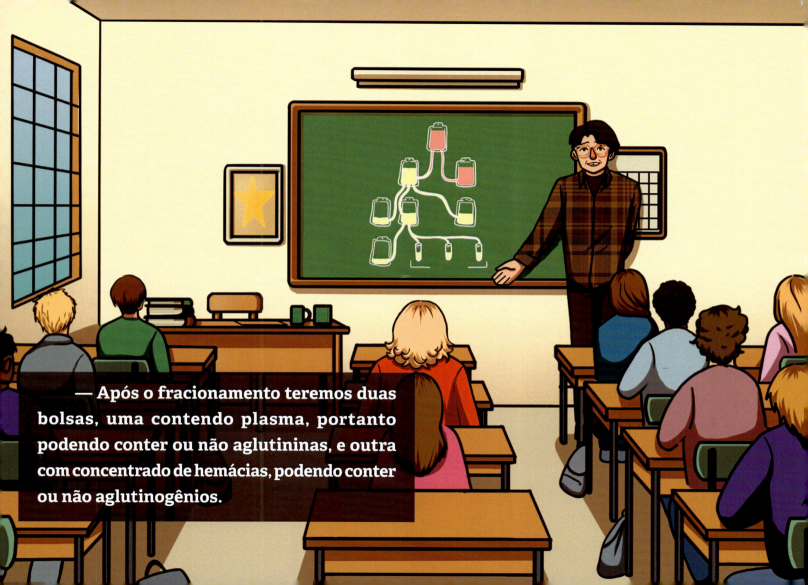

— Portanto, classe, quando falamos em transfusão de sangue, estamos, na verdade, nos referindo à transfusão de concentrado de hemácias, assim não há um volume grande de plasma na bolsa, sendo assim, não há risco de reação transfusional entre os aglutinogênios e as aglutininas.

— Que legal professor, agora eu entendi — disse, animado, Nevin. — Então, professor, é por isso que nas propagandas para doação de sangue é dito que um doador pode ajudar a salvar mais de uma vida, né?

— Sim, Nevin. É isso, garoto.

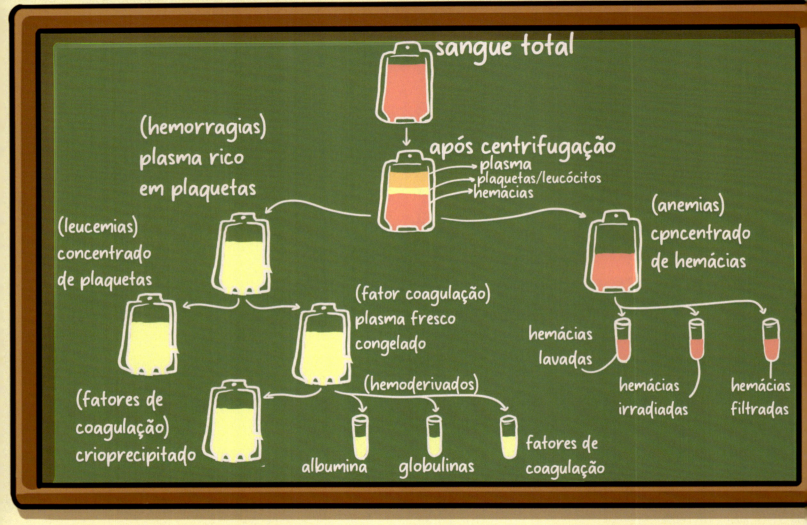

— Aliás, galerinha, a partir do plasma rico em plaquetas é possível produzir outros hemocomponentes ou componentes do sangue para transfusão, vejam essa ilustração!

— Viram só, galerinha! Um doador pode ajudar a salvar a vida de várias pessoas.
— Tchau, professor, até a próxima aula — despediu-se Nevin.
— Tchau, moçadinha, até a próxima — despediu-se o professor Thony.

— Oi, Pitoco, seu lindão! — cumprimentou Nevin.

— Mamãe — perguntou Nevin —, a senhora sabia que se uma pessoa doar sangue ela pode ajudar a salvar a vida de mais de uma pessoa?

— Sim, filho — respondeu dona Joanna. — Sou doadora de sangue e já me explicaram isso lá no hemocentro.

— Hemocentro?

— Sim, filho! O hemocentro é um dos locais onde as pessoas podem fazer a doação de sangue.

— Ah, entendi.

— Doar sangue é um gesto muito nobre, meu filho. Na doação de sangue transformamos nosso amor em um gesto concreto. Isso permite à pessoa doadora de sangue revelar a grandeza que existe nela como ser humano. É um ato de amor incondicional. Agora vai tomar seu banho, meu filho — mandou dona Joanna. — Já vou preparar o nosso almoço.

Sobre o autor

Nevicthon Fagundes é biomédico, pesquisador e autor de didáticos de ciência e biologia. Reside em São José dos Campos, São Paulo, com sua mãe, a gatinha dela e seu cachorrinho. Seu coração é dos seres vivos. Gosta de surfar, andar de skate, educação, saúde e estudar.